Murmures et Chuchotements

Plume

Murmures et Chuchotements

© 2022, Plume
ISBN : 9782322387021 - Dépôt légal : avril 2022

Édition : BoD – Books on Demand
12/14 rond-point des Champs-Élysées, 75008 Paris
Impression : BoD - Books on Demand, Norderstedt, Allemagne

Le code de la propriété intellectuelle interdit les copies ou reproductions destinées à une utilisation collective. Toute représentation ou reproduction intégrale ou partielle faite par quelque procédé que ce soit, sans le consentement de l'auteur ou de ses ayants droit ou ayants cause, est illicite. Et, constitue une contre façon sanctionnée par les articles : L 335-2 et suivants, du Code de la propriété intellectuelle.

Un immense Merci à celles et ceux qui m'ont porté, aidé, soutenu et parfois même donné l'inspiration sans le savoir…

Merci à Patrcia Ladyloup Studio pour le partage de ses photographies et aux modèles pour leur participation

Merci à Pascale Tilly pour le dessin de couverture

Merci à Albane Alard pour le tableau réalisé en pensant à moi

Un recueil revu avec votre aide…

Plume

Y CROIRE

Vivre dans l'ombre
Alors que tout est Lumière
Se taire et hurler en silence
Alors que tout vient du cœur
Passer des moments seul(e)
Au lieu de vivre dans le partage
D'instants, de moments, beaux ou moins beaux
Juste être dans la complicité
Dans l'échange de regards, de mots, de tendresse
Se donner la chance d'accéder au bonheur
Tout simplement
Sans ambiguïté, mais surtout sans regret…

À SUIVRE...

À la naissance on ouvre la première page de « notre livre »
Les années passent et on remplit des pages
Sans s'en apercevoir, juste en se laissant vivre
Surtout pendant le tendre âge.

Vient la maturité et là, on avance,
Avec des choix, des convictions, des envies
On fait confiance au facteur chance
On aime, on travaille, on construit.

On roule sur sa route
On détourne les embouteillages
On tente de profiter de tout
On chante, on danse, on rit, quel que soit notre âge

On commence à perdre des proches
Et on se refait le film de sa vie
Pour comprendre, ne pas faire de reproches
Se dire que c'est comme ça et qu'avec des si...

On relit ses livres calmement
Et on les ferme un par un.
Pour pouvoir construire demain
Et reprendre son chemin

Murmures et chuchotements

Avec encore des doutes
Mais aussi des certitudes.
Le passé n'est pas une déroute
Mais il faut perdre certaines habitudes

Ne pas recommencer les mêmes erreurs
Se retrouver coûte que coûte
Ne pas perdre ses valeurs
Rester à son écoute

VIVRE

VIVRE c'est rire, pleurer, aimer, être en colère, chanter, danser, s'amuser, se prendre la tête, se remettre en question sur le plan personnel et/ou professionnel… sans se soucier du quand dira-t-on.

Ce n'est certainement pas attendre le bon moment, se cacher, faire semblant et j'en passe.

On rate plein de choses dans une vie par manque de temps, d'audace pour saisir les occasions, d'envie au moment « T », d'écoute et c'est ce qui fait que la vie n'est pas une routine.

Il suffit d'assumer ses choix, ses coups de gueule, ses coups de cœur, ses échecs et ne rien regretter

ESPOIR, DÉSESPOIR

Même si ton parcours n'est pas facile
Et que certains jours tu penses baisser les bras
Il y a toujours une force tranquille
Qui t'aide à croire en toi, à être là

Chacun s'exprime à sa façon
Larmes, cris, silences, rires, sourires…
Et chacun a besoin de retrouver son ton,
Son énergie, sa joie de vivre.

On peut vous trouver étrange,
Mais l'essentiel n'est-il pas de se retrouver ?
De rester soi-même, même si cela dérange ?
Qu'importe, il faut avancer.

On a tous notre rythme, notre écoute
Et on doit se protéger et se préserver.
L'amour reste le moteur coûte que coûte
Même si certains pensent s'en protéger

Espoir, désespoir,
Tout n'est pas blanc ou noir,
Osciller entre les deux
Permets aussi de faire des vœux

ÊTRE SOI

Tout simplement vivre
Avec ses joies et ses peines
Ses bonheurs et ses colères
Avoir une vie pleine

Les chemins sont ensoleillés ou pluvieux
Et sont tous différents
Et chacun fait comme il le peut
Avec ses propres sentiments

Gérer ses propres émotions
Est un travail infini
Qui mérite attention
Pour finir par se dire « oui »

Être en accord avec soi,
Ne pas se perdre à tous les coins de rue,
Enlève bien des poids
Et aide à se mettre « à nu »

JUSTE ÇA

Une rencontre, un sourire
Des mots, un effleurement
Avoir envie de se blottir
L'un contre l'autre tout simplement

Apprendre à se connaître
Peu à peu se découvrir
Ne plus rester maître
Juste envie de s'épanouir

Les jours passent
On garde ces souvenirs
Qui aident à être moins lasse
Qui donnent l'envie de sourire

La vie met des barrières
Sombrer dans le désespoir
Faut-il faire marche arrière
Ou garder l'espoir ?

Laisser faire la vie,
Qui laisse bien des chaos !
Mais ne pas être dans le déni
Et écouter l'écho

FIN D'UN AMOUR

Je t'ai rencontré, j'ai cru
Qu'enfin le moment était venu.
Que tout pouvait arriver,
Qu'un nouvel amour pouvait commencer.

J'ai fait preuve de patience
Et même bien au-delà de la convenance,
Pour finir par ne pas comprendre
Ne pas pouvoir te comprendre.

Tu as préféré garder le silence
La vérité était trop pleine de non-sens.
La fuite est ton échappatoire
Trop de mots illusoires…

Ta vie est un vaste mensonge,
Tu te berces de songes,
Mais à force de vouloir se cacher,
La vérité sait se dévoiler.

J'ai pu ouvrir les yeux,
Comprendre certains de tes jeux,
Voir que tu jouais double jeu,
Mais je suis là et je quitte le jeu.

Murmures et chuchotements

La partie est terminée.
Bien évidemment, je t'ai aimé
J'ai mis toutes mes cartes sur le tapis
Tu ne m'as renvoyé que mépris…

Mon plus grand regret est de ne pas comprendre
De m'avoir fait croire qu'il fallait attendre,
Que tout était possible
Mais il fallait que je reste docile et invisible.

© Lady Loup Studio

INDÉCISION

Quand la porte s'ouvre, tout est magique
Quand les moments coulent sans questions
Quand les cœurs se parlent sans tragique
Quand tout est douceur et émotions

Mais quand les actes ne reflètent pas les mots
Mais quand les masques sont mis pour avoir la paix
Mais quand tout est paraître au lieu d'être beau
Mais quand tout naît, mais que tout disparaît

Rester, sourire et souffrir
Rester pour le pseudo confort
Rester par peur de trop rire
Rester pour ne pas faire d'effort

Partir pour trouver sa place
Partir pour se mettre en sécurité
Partir dans un état de grâce
Partir pour trouver sa sérénité

Les mots sont là bien posés
Les mots sont là comme une évidence
Les mots aident à se projeter, à visualiser
Les mots sont comme la dernière séance

UNE VIE

Une arrivée non souhaitée
Mais cet enfant veut sourire et vivre
Une enfance où malgré les interdits
L'enfant trouve du plaisir
Une adolescence compliquée
Des femmes, des hommes, tout pour meurtrir
Une adulte : la pseudo liberté
Un mariage pas fait pour tenir
Un célibat pour rebondir
Mon papa se laisse partir
Une rencontre
Un mariage pour bâtir
Des enfants par amour pour sourire
Des déplacements d'un mari
Une maison à tenir
Des enfants à faire grandir
Une maladie
Il faut aider à guérir
Continuer à rire
La nouvelle vie : la vraie liberté
Des nouveaux métiers pour rebondir
Des métiers de plaisir
Un été
Je lutte pour tenir
Mari, enfants, boulot pour se nourrir
Autre boulot pour le plaisir ?!

Murmures et chuchotements

Un automne
Prête à repartir
Mais la vie a décidé qu'il fallait encore souffrir
Il faut tenir, il faut rebondir et encore sourire !

© Patricia Panneullier

DEMAIN

Et si c'était le moment…
De tout remettre à plat
De faire du rangement
De (re)démarrer sans embarras.

Et si j'arrêtais de croire aveuglément,
D'espérer sans fondement,
D'attendre sans engagement,
De vivre sans être présente.

Et si demain m'ouvrait ses bras,
Avec encore des aléas,
Mais avec la volonté d'être là
Sans révolte, sans combat

Il est grand temps, je crois
Que je pense à Moi !
Que je sois ma priorité
Sans avoir à me justifier

LE RÉVEIL

Un jour vous sentez que vous êtes sur la bonne route,
Tout à l'air de se mettre en place,
Vous y croyez et faites tout ce que vous pensez devoir faire pour enfin voir le bout du tunnel.

Les jours, les semaines passent et tout avance.
Un jour, vous vous réveillez et vous apercevez que vous êtes en train de passer votre temps à attendre.
Attendre un mot, un signe, un appel.
L'optimisme aidant, vous passez au-dessus durant quelque temps, puis une sonnerie retentit à nouveau dans votre for intérieur.
Il faut agir, réagir, on ne peut pas rester passif de sa vie !
Si l'on n'est plus acteur de ses instants, on s'enferme dans une bulle.
Il est grand temps de sortir de cette torpeur et de reprendre sa vie en mains pour ne plus se faire souffrir inutilement.
Ce n'est pas ça la Vie !

SI

On dit toujours
« Ah si j'avais su ! »

Eh bien, aujourd'hui je dis
« Si j'avais su, je recommencerais ! »
Eh oui, malgré tous les aléas que la vie a mis sur ma route, je m'aperçois que j'ai beaucoup de chance aussi, j'ai fait de belles rencontres !
Certaines ont été éphémères, d'autres plus longues et d'autres durent toujours.
Toutes m'ont apporté plein de choses et, surtout, je ne regrette rien de ce qu'il a pu se passer !
J'ai trois joyaux auprès de moi que je n'échangerais pour rien au monde !
Tout ce que la vie m'a réservé de bon et de moins bon fait ce que je suis aujourd'hui !
Une femme de plus de 50 ans qui aime la vie malgré tout !
Qui continue à vouloir s'amuser,
Et qui cherche toujours à apprendre et à progresser !

MA vie est belle !!!

MYSTÈRES

Dès la naissance nous avons tous des atouts, des faiblesses qui, avec le temps, se développent un peu, beaucoup, ou restent en sommeil.
Notre chemin de vie est fait de choix, d'opportunités, que l'on saisit ou pas, et qui rendent ce chemin plus ou moins facile.
Doit-on tout dire ? Doit-on tout cacher ?
Là, chacun fait en fonction de son ressenti, de son besoin.
Porter un masque a des avantages, on ne montre que ce que l'on veut. Cela permet aussi de se protéger intérieurement et extérieurement, mais aussi d'« oublier » le temps d'un instant, d'une soirée, d'une journée, les tracas du quotidien, les soucis au long cours.
Cela a également des inconvénients.
On donne une image de soi qui n'est pas juste et cela peut entraîner des quiproquos… mais l'image est-elle vraiment importante ?
On s'aperçoit aussi que peu de gens vous connaissent vraiment.
Mais est-ce important ?
On ne peut se dévoiler à tout le monde.
Alors si être mystérieux
C'est ne pas tout dire, ne pas tout montrer pour se protéger et garder son intimité,
Je le suis et le resterais

© Lady Loup Studio

PERDU

Quand la plume vous démange
Quand les idées fusent, car tout vous dérange
Tout ce monde superficiel rempli d'hypocrisie
Dans lequel vous ne trouvez plus votre nid

Où faut-il aller pour être en Paix avec ses idées
Pour être entendu à juste titre et non comme un jouet,
Une marionnette que l'on prend pour s'amuser
Que l'on repose quand on a terminé ou si elle est trop usée

Difficile de vivre en harmonie avec ses convictions
Quand tout n'est que faux-semblants ou addictions
Tout vous est jeté à la tête comme de la pâtée
Autour de vous, comme si vous étiez un chien égaré

Être bienveillant, disponible, chaleureux
Ne veut pas dire que l'on est heureux ou malheureux
C'est aussi être soi dans son essence
Et ne pas y chercher de la reconnaissance

Mieux vaut porter un masque et faire semblant
Cela n'a aucune valeur, mais est « payant »
Dans ce monde puant de prétention et de faire-valoir
Plutôt que de vivre dans le vrai et le savoir

Murmures et chuchotements
UNE VIE 2 (la suite)

Novembre et décembre arrivent,
Et de surprise en surprise
La vie me rend agressive !

Pas le droit de crier,
Pas le droit de pleurer,
Il faut tracer un trait.

Beaucoup d'incompréhension,
Beaucoup de douleurs,
De grandes déceptions.

Pourquoi tous ces faux-semblants,
Tous ces silences,
Tous ces harcèlements ?

Je m'accroche aux branches
Qui me sont tendues,
Mais j'ai le cœur qui flanche.

Les amours de ma vie
M'aident à passer ce cap,
Et je leur dis MERCI !!!!

Le printemps est là !
Encore des coups,
Inutiles et bas.

Murmures et chuchotements

Le temps est venu de prendre des décisions.
Penser à l'avenir autrement,
Faire de nouvelles concessions

Pour notre bien-être,
Il faut tirer de nouveaux plans.
Ne plus paraître, mais être.

L'été est là enfin
Avec tous ses bienfaits !
J'ai l'esprit serein.

L'horizon s'éclaircit,
Certains souhaits se réalisent.
Et la vie me sourit !

Encore une nouvelle étape
À franchir
Mais plus de handicaps

Encore des souhaits à réaliser,
Des envies à assouvir
Prête pour cette rentrée !

Je me suis retrouvée...
Je sais ce que je refuse
Je suis enfin née !

UN ENFANT

Un enfant naît d'un amour, d'un désir de construire une famille. Ce bébé qui secoue un couple par son arrivée est un être humain à part entière et son seul désir est de vivre, de grandir, de sourire, de choisir.
Choisir ses amis, son style, sa formation, en un mot SA vie.
Les parents sont là pour l'aider, le guider, le soutenir. Bien sûr, il y a des hauts et des bas, des joies, des peines, mais toujours essayer de respecter ses goûts et ses idées.
Les parents ont le droit de ne pas être d'accord avec ses choix, mais ne peuvent et ne doivent pas nier des évidences.
Il faut respecter les goûts et aider à changer si nécessaire, mais surtout rester présents et à l'écoute.
Avons-nous le droit, en tant que parents, de délaisser un enfant, car ses goûts ne sont pas les nôtres ?
Avons-nous toujours été écoutés, entendus plus jeunes ?
Avons-nous fait les choix que nos parents souhaitaient ?
N'avons-nous pas été nous aussi des enfants avant d'être des parents ?
Un enfant reste toute sa vie l'enfant de ses parents, petit ou grand, il ne peut retirer ce statut.
En grandissant, il devient l'égal de son parent, mais reste à tout jamais son enfant.
Tout au long de sa vie, ce « bébé » a besoin de recevoir l'amour de ses parents !

LE SILENCE

Il est le pire de nos ennemis, à cause de lui trop de soucis !
Chacun s'enferme dans le mutisme et n'ose plus rien, ni téléphoner, ni passer faire un coucou, ni parler des choses de la vie.
Chacun craint de blesser l'autre par une phrase, un mot de trop et, au fil du temps, on ne sait plus communiquer. Alors que c'est, souvent, une incompréhension, importante ou bénigne, qui est à la base de tout.
Ne vaut-il pas mieux dire les choses ?
Au risque de se faire mal, certes, mais ce mal existe dans ce mutisme et je pense qu'il est souvent plus douloureux que la réalité !
Parlons, osons, soyons adultes et ouverts !

L'AMOUR

Sourire pour contaminer son cœur
Rire pour envoyer du bonheur
Chanter pour oublier
Danser pour évacuer

Jour après jour, faire tout pour positiver
Se dire que tout va s'arranger
Parler, manger, respirer, écouter, sentir
Faire abstraction de tout ce qui peut ternir

Rencontrer l'être aimé
Celui avec qui vous voulez tout partager
Tenter de l'apprivoiser
En le laissant voler

Être deux un rêve, une utopie
Qui peut se concrétiser avec un oui
Pour être ensemble, mais rester soi
Ne pas se perdre sur une voie

Se protéger, se confier, s'aimer
Dans une sincérité jamais voilée
Juste être là, présent, faire le don de soi
Vivre sous le même toit

Murmures et chuchotements

Vivre tous les moments de bonheur
Qui peuvent ouvrir les cœurs
Ne pas étouffer, ne pas vouloir changer l'autre
Trouver l'équilibre pour trouver une route, la nôtre

Simple et compliqué à la fois
Le tout est de croire en Soi
De croire en la sincérité des sentiments
Sans faux-semblants

La peur, cette grande ennemie
Qui fait que l'on n'ose pas dire « allons-y »
Oui à la vie, à l'amour, au bonheur
Car la vie a une fin et un jour il y aura des pleurs

Mais si le bonheur a été vécu
Intensément, purement, que l'on s'est mis à nu
Le souvenir sera tendre
Et les jours gris, l'on pourra s'entendre

Il n'y aura aucun regret d'être passé à côté
Du cadeau que la Vie avait donné
Avec tous les instants passés ensemble
Unis et libres même si l'on a tremblé

PASSAGE…

Des larmes coulent sur ses joues
Plus rien ne va, plus rien ne l'intéresse
Elle erre en faisant la moue
Ras-le-bol de tout ce stress

Elle lève les yeux et voit le soleil
Se laisse envelopper par sa chaleur
Et là tout s'éclaire, elle se réveille
Et décide de sortir de cette torpeur

C'est le sourire aux lèvres et légère
Qu'elle continue son chemin
En faisant place à son imaginaire
À ce que pourrait être son destin

Elle va reprendre sa vie en mains
S'occuper d'elle et continuer de donner
Sans compter en pensant que demain
Tout peut changer

Il suffit qu'elle y croie
Qu'elle garde l'espoir
Qu'elle chasse ses idées noires
Qu'elle aime, rit, vive avec foi

© Lady Loup Studio

SI UN JOUR

Si un jour je croise ton regard
Que tout m'apparaît comme une évidence
Je me promets de ne rien remettre à plus tard
De me laisser aller et tenter ma chance

Si un jour tes mots me touchent
Que mes sens sont en éveil
Je me promets de dire ce qui me touche
En toute sincérité comme un soleil

Si un jour tu es là
Je vivrais tout ce qui peut l'être
Sans penser aux aléas
Juste aimer et me poser dans l'être

POUR TOI

Un jour tout est « normal » dans votre vie
Et puis magie des maux, tout s'écroule
Malgré l'envie que tout roule
On se retrouve anéanti

Puis, jour après jour
On continue de sourire
Contre les mauvais tours
Il faut apprendre à rire

Il faut se relever
Ne pas baisser les bras
Encore et toujours jouer
Jouer contre tous les aléas

Toujours se battre
Et s'accrocher au moindre bonheur
Pour avoir la force de combattre
Heure après heure

Pour certains tout est simple
Pour d'autres c'est moins évident
Ceux-là doivent tout rendre simple
Juste pour être contents

Murmures et chuchotements

Mais la vie est ainsi faite
Avec ses hauts et ses bas
Il ne faut pas craindre la défaite
Mais la prendre dans ses bras

La vie est un combat
Dans lequel il ne faut pas baisser les bras,
Continuer de sourire
Tout simplement pour VIVRE

UN SOIR DE BLUES

Il y a des soirs où l'envie d'écrire m'envahit
Écrire pour ne pas crier
Écrire pour ne pas pleurer
Tout simplement pour être en Vie

Pour ne plus faire semblant
Pouvoir ouvrir son cœur
Pour ne plus avoir peur
Pour pouvoir dire : maintenant

Le masque est enlevé
On peut se laisser aller
Dans son intimité
Mais ne pas tomber

Des visages se dessinent
Des envies subsistent
Des soucis s'abattent
Mais des mots résonnent

Prendre la force où l'on peut
Dans une photo, dans une chanson
Dans du café, dans des bonbons
Ou seulement dans des yeux

Murmures et chuchotements

Et demain sera un nouveau jour
Pour se lancer un nouveau défi
Et sortir de son lit
Pour repartir pour un tour

© Lady Loup Studio

MOI

Je suis née avec des boulets
Attachés à mes pieds
J'ai réussi après de longues années
À m'en séparer

À chaque étape de ma vie
J'ai eu à choisir entre deux sorties
J'ai toujours choisi le chemin
Le plus compliqué, le plus chagrin

Sûrement une destinée
Ma voie à tracer
Avec toutes mes envies
Et beaucoup de péripéties

Je n'ai aucun regret
Sur les choix que j'ai faits
Tous m'ont apporté des joies
Mais aussi du désarroi

Aujourd'hui, je me suis retrouvée
Et je veux être aimée
Pour celle que je suis
Celle que mon passé a construite

Murmures et chuchotements

C'est à prendre ou à laisser
Je ne vais plus changer
Je veux simplement la paix
En amour comme en amitié

Avoir de la bonté
N'est pas être niais
Être gentille
N'est pas être sénile

Pas de guerre verbale
Car pour quoi faire du mal
Pas de jalousie
Je suis qui je suis

Un coup pris sans raison
Se voit rendu avec raison
Un dû est un dû
Et je ne suis pas vaincue

Je veux Vivre
Arrêter de Survivre
J'ai payé le prix
Avec tous les coups pris

© Lady Loup Studio

LE « JE T'AIME »

On entend, on lit cette phrase à tous les coins de rue, tous les coins de revues…
Il est dit par un élan du cœur, parce qu'un manque est comblé, parce que l'on souhaite tellement l'entendre qu'on l'offre comme on offrirait une fleur.
Pourtant derrière cette petite phrase devrait se cacher plein de choses aussi futiles et légères soient-elles, mais remplies d'amour et d'émotions et non pas pour venir embellir une relation.
Certaines personnes ne diront jamais cette phrase et pourtant leurs actes seront là pour prouver l'amour.
À l'inverse, trop l'utilisent à la légère, en souffrent et font souffrir.
Tout ceci est, à mes yeux, valable en amour comme en amitié.
Pourquoi auriez-vous une pléthore d'amis alors que vous n'avez qu'un seul compagnon (compagne) ?
Cela fait réfléchir, non… ?

OSE

Si tu t'aperçois que tu n'es pas sur la bonne route
Ose sortir des sentiers battus et va là où tu penses être mieux !
Bien sûr, rien n'est garanti, personne n'a de mode d'emploi, mais le plus important et de rester Toi et de faire les choses pour ton plaisir et non par convenance. De toute façon les faux semblants se sentent et/ou ressentent donc autant penser à Toi en premier.
La vie est faite de rencontres, de va-et-vient et toutes les expériences sont des enseignements sur tes propres choix, envies, etc.
Tu es la seule personne qui ne te quittera jamais et avec qui tu vivras toute ta vie.

© Lady Loup Studio

TOUT VA VITE...

Tout va vite, on se laisse emporter
Bousculer sans vraiment profiter
Sans vraiment réfléchir
Sans rien dire

Tout n'est que du vent
On ne vit pas le présent
Comme si demain était plus important
Que le moment présent

Et si on se posait les bonnes questions
Et si on laissait faire son intuition
Et si on disait stop
Au lieu de dire top

Au lieu de laisser le temps filer
Et d'agir dans le projet
Pour aller plus vite encore
Pour éviter les remords

Tout fout le camp
Tout n'est que du vent
Nous ne sommes que de passage
Et vivons parfois comme un mirage

ADIEU

Il est arrivé le moment pour Moi
De te dire Adieu
De mettre fin à tous ces émois
Qui ne vont pas vers le mieux

Il est arrivé le temps d'arrêter de croire
Et d'accepter la réalité
De ne plus penser à ce qui ne fait que décevoir
Parce que tu as choisi la facilité

Il est arrivé le jour où il faut se rendre à l'évidence
Que la peur est plus grande que l'envie
Que tu préfères les apparences
Plutôt que de prendre le risque d'être dans Ta Vie

Il est arrivé cet instant où il faut prendre une décision
Et je suis la seule à pouvoir le faire
Tu préfères tellement vivre d'illusions
Et faire semblant pour continuer à plaire

Il est arrivé, oui, il est arrivé
Le moment de disparaître de ta vie
Pour que tu puisses continuer de voler
Vers ce qui te fait vivre : tes envies

Murmures et chuchotements

Qu'importe où, avec qui et comment
Mais plus facile d'aller vers le semblant
Que de tenter quelque chose que tu connais vraiment
Mais qui te fais si peur à cause des sentiments

Il est arrivé le temps de te dire Adieu
Puisque tu ne veux pas le mieux

© Patricia Panneullier

RESTER SOI

Quand les mots sont si nombreux
Qu'ils ne peuvent être libérés
Tout fait des nœuds
Ça ne peut se délivrer

Envie de crier, de hurler
Devant tout ce chaos
Tout en voulant continuer
La fin est pour bientôt

Intuition, ressenti
Tout dit qu'il faut positiver
Sans faire de déni
Simplement pour avancer

La fatigue te tient
Mais il faut la nier
Pour pouvoir être bien
Et réaliser son souhait

Sourire, positiver
Faire ce qu'il faut faire
Ne pas s'arrêter
Pour montrer son savoir-faire

Murmures et chuchotements

Tout s'enchaîne
Les hauts, les bas
Mais qu'à cela ne tienne
Ne pas aller vers le bas

Le cœur est trop rempli
Pour pouvoir abdiquer
Et n'a qu'une envie
Pouvoir pleinement s'exprimer

ORPHELINE

Il arrive un jour où le téléphone sonne
Et où on vous annonce une mauvaise nouvelle.
On s'en doutait, on s'y attendait
Mais perdre un parent c'est toujours une épreuve !

Une grande partie du deuil était fait
Car plus de contact depuis de nombreuses années,
Mais on garde toujours son cœur d'enfant
Vis-à-vis de ses parents

La vie continue et j'ai pris conscience
Que mon arbre n'avait plus de racines
À mon tour je deviens l'arbre !

© Lady Loup Studio

ÊTRE DANS LE PARTAGE

L'amour mérite d'être partagé
Sans hypocrisie, sans paraître et sans danger
Il suffit d'être dans l'ÊTRE
Et de lui laisser la place pour naître

Le laisser trouver sa place et ouvrir son cœur
Sans jugements et sans peur
Pour qu'il puisse grandir à son gré
Sans que rien ne puisse venir l'entraver

Donner de soi, être soi sans masque
Ne pas réfléchir, ne pas faire d'arnaque
Juste vivre sans secrets
Et garder sa simplicité

LIBRE

Fermer son dernier livre
En toute tranquillité
Ne plus être ivre
De toute cette sensibilité

Accepter les déceptions
Et entrevoir le futur
Avec de nouvelles émotions
Et une grande ouverture

Pouvoir enfin se libérer
De toutes ces dépendances
Qui ont fait vibrer
Mais qui ont chassé l'espérance

Ne plus se cacher
Pour pouvoir vivre
Avec tout son cachet
Et ses éclats de rire

Être libre d'être
Être libre d'avancer
Être libre de ne pas paraître
Sans être dans l'excès

UNE PLUME

Une plume pour écrire
Une plume pour tout dire
Une plume pour voler
Une plume pour rêver
Des textes qui relativisent
Des textes qui extériorise
Des textes pour se libérer
Des textes qui font rêver
Des mots tout doux
Des mots pour tout
Des mots d'amour
Des mots pour toujours
Tout écrire pour pouvoir guérir
Tout écrire pour en rire
Tout écrire au risque de se dévoiler
Tout écrire par envie de créer

© Lady Loup Studio

LUCIDITÉ

Une envie de tout balancer
Pas par dépit ou colère
Non, juste pour se retrouver
Et dire Adieu à hier

Plus à sa place, trop d'incompréhension
Par peut-être trop de lucidité
D'écoute et de compréhension
De ce qu'aujourd'hui est fait

Un monde de folie, d'agressivité
Sous couvert d'ennuis, de soucis
De soi-disant vouloir tout faire changer
Alors que chacun reste sur ses acquis

Il serait si simple de s'accepter
Tous tels que l'on naît
De s'offrir un sourire, un regard appuyé
Dans la plus grande simplicité

Pas d'idées cachées, de faux-semblants
Juste de la spontanéité et du non-jugement
Mais tout cela passe pour de l'utopie vraiment
Alors que pourtant… on est qui l'on est

CHUTE

Des années de silence
Pour ne blesser personne
Tout en étant dans la présence
En attendant que l'heure sonne

Les projets se mettent en place
Tout va pouvoir se montrer
Les partages ont de plus en plus d'audace
Être sur le même diapason et en parler

Tout se dessine
Sous les meilleurs auspices
Tout se peaufine
Pour ne rendre qu'un délice

Tout était là à portée de mains
La complicité, la confiance, la liberté
Pour ne faire qu'un beau demain
Sans pour autant tomber dans la « propriété »

Tout pouvait se toucher du doigt
Il ne fallait montrer que patience
Mais il a été fait un choix
Celui de l'impatience

Murmures et chuchotements

C'était vraiment trop beau
Cela faisait un peu peur
Il valait mieux trouver une peau
Et renoncer à son cœur

Plus facile de faire saigner
Que d'oser affronter ses sentiments
Mieux vaut savoir s'épargner
Et continuer à faire semblant

Plus facile d'aller vers l'avant
En vendant du faux rêve
Comme tout bon charlatan
Et tout ça sans trêve

Difficile de recevoir maintenant
Tous ses vœux de bonheur
Qui ne résonnent que du vent
Qui ne font plus vibrer les cœurs

TOURBILLON

Tourbillon quand tu m'emportes…
Tu me mets sens dessus dessous, je ne sais plus où aller ni que faire, essayant de garder le cap et l'envie pour que tout se remette en place, sans perte ni fracas.
Continuer à être « forte »
Trouver les appuis nécessaires
Garder la volonté d'avancer tranquillement sans faire de bruit.
Je suis plutôt secrète et autonome, dans la joie comme dans la tourmente.
Positiver, maître mot de ma vie, penser que demain sera meilleur, que tout cela n'est rien à côté de la souffrance de certains.
Déjà, survivre pour pouvoir vivre.
Tout finira par trouver sa place, tôt ou tard,
Avec des pertes certainement, mais pour une avancée sereine.

© Lady Loup Studio

PRÉSENCE

Protège-moi comme je ne sais pas le faire
Entends les mots que je ne dis pas
Qui résonnent à l'intérieur, mais me font taire
Par pudeur, intimité… Tout un savoir-faire.

Enlace-moi, embrasse-moi avec douceur
Dans le plus vrai des échanges
Pour partager ces bonheurs
Dans les bras des anges

Juste être vrai, être sincère
Être en accord de vie
S'autoriser de laisser derrière
Tout ce passé qui nuit

Regarder les étoiles et le ciel
Projeter des rêves et de la réalité
Si tout ceci n'est pas superficiel
Rien ne peut l'en empêcher

CHAQUE JOUR…

Chaque jour est différent
Chaque jour est important
Tout peut arriver sur un moment
Comme se détruire en un instant

Le chemin de la facilité
Est le plus aisé
Pas trop de réflexion
On reste juste dans l'action

On peut s'en accommoder
Sans faire de projets
Juste vouloir se poser
Mais sans pour autant aimer

On peut nier toutes les évidences
D'un simple jet d'indifférence
Alors qu'au fond on a bien compris
Mais on préfère rester dans le déni

Pas le moment, pas l'endroit
On préfère y mettre de la mauvaise foi
Alors qu'au fond on sait
Que ce n'est que facilité

Murmures et chuchotements

Il faut de la force, de l'envie
Pour pouvoir bâtir sa vie
Comme on la souhaite
Même si ce n'est pas tous les jours fête

Chaque jour peut être le jour
Si l'on veut le voir avec amour
Sans fondre dans le toujours
Juste en regardant autour

AIMER

Aimer, c'est tellement beau !
Une des plus belles choses qui peut être et apporte ce rayon de soleil dont on a besoin, à un moment ou à un autre.
C'est léger, naturel, tranquille et indolore malgré tout ce qui peut être dit ou pensé.
Ce n'est pas l'amour qui fait mal !
Ce sont les incompréhensions, les silences, les questions restées sans réponse qui font mal. Tout cela apporte le doute, la méfiance, la sensation de ne pas être là...
L'absence physique n'est pas une barrière à l'amour. Cependant, la non-communication, le monologue, oui...
Savoir que l'on est entendu, présent, est important dans une relation, quelle qu'elle soit.
L'amour ne se quantifie pas, il se prouve par une multitude de petites choses au risque de se faner

UN JOUR TU TE RETOURNERAS

Un jour tu te retourneras
Et là, peut-être, tu comprendras
Tout ce qui t'a échappé
À force de ne pas être vrai

Un jour tu te retourneras
Et là, ton cœur se serrera
En pensant à ce qui aurait pu
Mais que tu n'as pas voulu

Un jour tu te retourneras
Et là, tu te diras
Qu'avec des « si » l'on aurait pu,
Que tu n'as pas voulu tenter

Un jour tu te retourneras
Et là, tu verras
Que tes choix sont ta vérité
Juste ce que tu as désiré

Un jour tu te retourneras
Et là, tu souriras
En pensant à tous les rires
Entendus dans des délires

Murmures et chuchotements

Un jour tu te retourneras
Et là, tu sauras
Que ta vie tu l'as choisi
Même si tu n'as pas tout réussi

Un jour tu te retourneras
Je ne serai pas là, mais tu seras...

© Lady Loup Studio

L'AIMES-TU ?

Si tu l'aimes, dis-le-lui
Mais surtout, prouve-le-lui
Une belle attention sincère
Vaut plus que le cadeau le plus cher

La plus petite banalité
Peut avoir une résonance insensée
Si elle est accompagnée
De la plus grande sincérité

Si tu ne l'aimes plus
Mais bien sûr, annonce-lui que tu ne peux plus
Une rupture directe et sincère
Vaut plus que des chimères

Le plus beau cadeau que l'on puisse faire
Est celui fait avec son cœur

PETITS BONHEURS

Petits bonheurs
À saisir comme ils arrivent
Même s'il est de bonne heure
Pour faire vibrer ses rêves

Petits bonheurs
Que l'on peut verser
Avec bonne humeur
Sans même y penser

Petits bonheurs
Que la vie disperse
Un peu comme une rumeur
Ou comme une averse

Petits bonheurs
Qu'il faut savoir sentir
Peut-être pour un grand bonheur
Mais sans y réfléchir

Petits bonheurs
Rien que pour sourire
Donnés avec le cœur
Dans un éclat de rire

© Lady Loup Studio

SAINT VALENTIN

Aimer c'est partager tous les moments de la Vie, qu'ils soient mauvais ou bons
Aimer c'est se protéger, prendre soin de l'Autre et prendre soin de Soi
Aimer c'est rire et pleurer ensemble, parce que l'on est à l'unisson
Aimer c'est avancer ensemble, vers le même endroit

Aimer c'est se parler ouvertement, sans mensonges
Aimer c'est avoir des rêves, des projets communs
Aimer c'est aussi pouvoir partir dans des songes
Aimer c'est surtout être un plus un

Aimer c'est afficher un sourire sincère
Aimer c'est arrêter de faire semblant
Aimer c'est partager les galères
Aimer c'est avoir de très beaux moments

Aimer c'est une chose difficile pour certains
Aimer c'est ouvrir son cœur et se mettre à nu
Aimer c'est ne plus avoir peur de demain
Aimer c'est pouvoir vivre en continu

Aimer c'est avoir des ami(e)s
Aimer c'est partager des envies
Aimer c'est cesser d'être dans le déni
Aimer c'est pouvoir penser que tout n'est pas fini

QUI ES-TU ?

Mens-toi si tu veux
Mens-moi si cela te convient
Pour fuir tes souhaits, tes vœux
Pour tenter d'être bien

Fais-toi du mal autant que tu veux
Torture-toi, fais semblant
Mais ne me mets pas au milieu
Ce n'est pas ce que j'attends

Plus envie de me taire
Plus envie d'être « invisible »
Oui, je suis quinquagénaire
Mais pleine de vie, d'envies irrépressibles

Des duperies, des coups bas j'en ai subi
J'ai accepté ou fais mine d'accepter
Pour autant que j'ai compris
Mais au moins, j'ai tenté…

Grâce, ou à cause, de tout cela
J'ai grandi pas à pas
Du silence, du déni je ne veux pas
Juste envie d'être là…

© Lady Loup Studio

UNE PETITE VOIX

Une petite voix te dit
Que tu es sur la bonne route
Qu'il y aura encore quelques soucis
Mais ça ne sera plus la déroute

Une petite voix te dit
Qu'il faut écouter ton cœur
Que lui seul sait tes vraies envies
Que maintenant il est l'heure

Une petite voix te dit
Accroche-toi encore un peu
Ce serait dommage de dire « mais si »
Crois en toi et en ton vœu

Une petite voix te dit
Que les jours heureux sont proches
Que tout est proche et non enfoui
Demain ne sera plus moche

Une petite voix te dit
Que tu arrives à tes souhaits
Alors souris et ris
Et conjugue hier à l'imparfait

... JUSTE ENVIE

J'avais juste envie de te tenir la main
D'être là pour partager
Tes joies, tes peines, tes silences, demain
Te laisser libre, mais être à tes côtés

J'avais juste envie de t'aimer
Avec nos défauts et nos qualités
Pouvoir tout se dire sans arrière-pensées
Avancer avec tranquillité et sérénité

J'avais juste envie de continuer
Ce chemin commencé
Enlever toutes ses difficultés
Vivre pleinement sans se cacher

J'avais juste envie de Toi
Les souvenirs et les envies sont là
Il y a un manque, un froid
Mon cœur reste au-delà

Je voulais juste pouvoir t'aimer et être aimée

MERCI L'AMOUR

Bonjour la Vie !
Tu me joues souvent de sales tours,
Comme si tu voulais lire mon envie
D'aller plus loin, plus haut, toujours

Tu me mets au sol quelquefois !
C'est sans compter sur le trampoline
Qui m'accompagne et m'envoie
Vers mes solutions et tue la routine

Quand je regarde derrière
Je ne peux que constater le parcours accompli
Néanmoins je suis fière
Même si je n'ai pas eu beaucoup de répit

Sans mon allié, de taille et inlassable,
J'aurais abandonné et me serais tue
Mais grâce à l'amour, rien n'est inébranlable
Tout ne peut que trouver une issue

Murmures et chuchotements

CROIRE EN SON ÉTOILE

Écouter le silence,
Les murmures de la nuit,
Se mettre en cadence
Pour une journée qui luit

La nuit a conseillé, éclairé,
Maintenant on avance,
On n'a aucun regret
Juste envie de chance

Croire aux mille étoiles
Qui ont parsemé la nuit,
Croire en son étoile
Pour le rencontrer, lui

Aujourd'hui est là,
Plein de promesses.
Ne pas en rester là,
Marcher sans prouesses

Petit à petit, tout se met en place
Tout s'éclaire et s'anime
Il faut juste un peu d'audace
Et laisser la place aux rimes

© Lady Loup Studio

SI UN JOUR

Si un jour tu me cherches, c'est que je ne dois pas être à côté de toi.
Peut-être qu'une distance nous sépare ou simplement des mots, des silences, des non-dits, des abus... Que sais-je encore ?
En revanche, une chose est certaine.

Si un jour je t'ai dit « je t'aime », tu es dans mon cœur.
Je ne me manifeste pas pour une raison « X » ou » Y », mais je pense à toi quand je vois une fleur, un arbre, un nuage, une étoile, la lune, un endroit... Quelque chose me ramène à toi et je souris de tout mon cœur.

Si toi aussi tu m'as dit « je t'aime », regarde dans ton cœur, tu devrais m'y trouver, toujours présente.

SANS SE RETOURNER

Sans se retourner
Se réveiller et penser
J'avance sans me poser de questions
Je vais élargir mon horizon

De toute façon, je ne suis pas à ma place
Ou trop ou pas assez, mais jamais comme il faut
Et jamais assise à la bonne place
Celle que je mérite, celle que je vaux

Peut-être prétentieux, mais c'est mon ressenti
Et il n'est jamais trop tard pour tout remettre à plat
Il ne faut qu'un peu de courage, de légèreté, dire stop au déni
Il faut juste voir et accepter qu'il n'y a peut-être qu'un pas

Folie, utopie, rêve, que sais-je encore
De ce qui va pouvoir être pensé, envisagé,
Mais je m'en fiche, je veux vivre encore
Et comme je le souhaite, pas comme on veut me l'imposer

Je n'ai plus vingt ans, c'est certain
Mais j'ai encore plein de choses à donner
Plein de souhaits et j'en ai marre du train-train
Je veux tout simplement respirer et aimer

Murmures et chuchotements

Encore un rêve ou plutôt un souhait
Mais il faut toujours espérer…
Et continuer d'avancer
Sans se retourner...

© Errabunda photographie

C'EST QUOI ÊTRE HEUREUX ?

C'est être avec la/les personnes que l'on aime.

Regarder le ciel, écouter les oiseaux, parler de tout et de rien.

Rire et sourire avec de vraies expressions, pas celles que l'on « offre » à tout le monde pour faire semblant et faire penser que tout va bien. Non ceux qui viennent du cœur, spontanés, vrais, intimes.

C'est s'émerveiller devant un paysage, un arbre, un nuage, faire un pique-nique improvisé…

Ce n'est certainement pas briller par l'argent, offrir du rêve, des fleurs, des cadeaux coûteux, mentir, s'inventer une vie.

C'est juste être présent, être là, écouter et non pas entendre, comprendre sans mots, juste sur un regard.

Entendre les mots qui ne sont pas dits, sentir, ressentir, toucher, caresser, serrer…

Être soi pour de vrai, la personne la plus intime qui soit en nous, celle que l'on cache le plus souvent, mais que l'on réserve à ceux que l'on aime.

Tous ces petits riens qui ne coûtent rien, mais qui remplissent le cœur et qui sont faits avec lui

Plein de petites choses peuvent remplir de bonheur, il suffit juste d'être authentique et d'être dans sa vie.

Je vous souhaite à tous plein de vrais petits bonheurs, des authentiques, sans carapace ni mensonge.

CHACUN SA ROUTE

Certains aiment leur train-train
Ou font semblant de l'aimer
Par facilité, intérêt, habitude, manque d'entrain
Ou tout simplement parce que c'est la « normalité »

D'autres vivent comme les oiseaux
Toujours prêts à déplier leurs ailes
À se déplacer vers le nouveau
Ne pas être dans une ritournelle

On a tous le droit de vivre
Chacun à notre manière, chacun selon son souhait
Et personne n'a le droit de médire
Ou briser les idées

On peut apprécier, comprendre
Voire critiquer
Mais tout cela n'est-il pas un manque de dialogue
De communication, de partage

À CROIRE…

À croire que l'homme se complaît
Dans ses tourments, ses soucis.
Le plus clair de son temps, il se plaint
Il en oublie ce que veut dire « rit »

À croire certains, tout est gris
J'ai mal ici, j'ai mal là, mes enfants…
Mon boulot, je n'ai plus d'envies…
Et si encore ils le disaient en chantant !

À croire aussi que rien n'est beau
Le soleil, les arbres, le ciel
Les gens, le sable et même un bibelot
Il faut peut-être regarder de façon moins superficielle

À croire qu'ils ne sont là que pour respirer
Sans aucun sentiment, sans ressenti.
Ne pas pouvoir ouvrir ses yeux et se dire « je vais oser »
Être comme je suis, sans a priori

À croire que toute leur vie n'est que misère
Rien ne les réjouit, tout les engourdit
Ils se laissent enfermer dans les galères
Alors que la Vie n'est qu'un petit Paradis

LA VIE

Encore un effort
Juste pour être bien
Pour ne pas avoir de remords
Et enfin, être dans son lien

Encore quelques pas
Pour aller vers ton lieu de vie
Là où tu pourras être qui tu veux
En toute tranquillité

Plus de peurs de croiser, de voir
Plus de souvenirs aux quatre coins
De la nouveauté pour respirer
Et pouvoir renaître et exister

Je ne dis pas que cela sera facile
Mais découvrir est toujours présent
Aller faire face à l'inconnu, mais pas au futile
Sûrement un besoin vital, encore plus maintenant...

Bouger, découvrir, expérimenter
Se prouver que l'on peut vivre en paix
Sans chaînes, sans attentes ni boulets
Juste se laisser porter par son souhait

Murmures et chuchotements

Écouter ses besoins, ses envies
Ne pas se soucier, ne plus attendre
Juste être dans la vie
Ne rien prétendre

Ne rien regretter et foncer
En écoutant son cœur qui rugit
Qui veut encore résonner
Ne pas oublier d'être LA Vie

APAISÉE

Un vent de légèreté
Qui vient tout nettoyer

Une pensée volupté
Qui vient panser

Un rayon d'été
Qui vient tout éclairer

Un soupir expulsé
Qui vient faire respirer

Un passé digéré
Qui vient faire place à ce qui doit arriver

Un avenir espéré
Qui viendra comme une fatalité

Sans si ni mais
Juste avec un « j'y vais »

POURQUOI

Pourquoi faut-il oser ?
Pour ne pas avoir de regrets
Il vaut mieux se prendre une porte dans le nez
Que de passer son temps à ruminer

Pourquoi a-t-on encore des peurs
Qui empêchent de prendre son envol ?
Resteraient-ils coincés des pleurs
Toujours coincés au fond de soi ?

Pourquoi se laisse-t-on malmener ?
Des séquelles d'un passé
Pas toujours bien digérées
Ressurgissant au moment clé

Pourquoi ne pas pouvoir dire
Et laisser échapper un éclat de rire
Pour se protéger de ce qui fait frémir
On pourrait aussi l'écrire…

Pourquoi tant de questions
Empêchant de vivre l'heure
Pour ne pas suivre son intuition
Qui est guidée par le cœur…

COMPRÉHENSION

Un jour de mars 1990
Le téléphone a sonné au petit matin
Je savais ce qui allait m'être dit
Ma nuit m'avait apporté le message de ta fin

Oui, cette nuit-là, mémère Adèle était venue
Me raconter plein de choses
Je ne les ai pas toutes comprises ou vues
Mais je savais que pour toi, l'affaire était close

Je suis venue te voir le plus vite possible
Habitant à l'autre bout de la France
Avec une peine irrépressible
Sans vêtements de circonstance

Il ne faut pas aller contre les traditions
On m'a donc prêté du noir
N'en ayant pas dans ma collection
Il ne fallait pas trop me voir

Je t'ai accompagné du mieux que j'ai pu
Ce jour-là, un bout de moi disparaissait
Mon père, mes racines, il n'y avait plus
J'étais seule et avec ton départ, mes racines ont été coupées

Murmures et chuchotements

Je n'avais toujours pas tout compris
Je pensais encore faire partie d'une famille
Celle que tu avais créée, notre fratrie
C'était une illusion, un jeu de quilles

Il m'aura fallu du temps pour comprendre
Que depuis ton départ je suis seule
Que trop souvent j'ai eu des comptes à rendre
Comme tu as eu à le faire, envers et contre tous, seul.

Aujourd'hui je n'ai plus aucun lien avec les tiens
Nous marchons tous sur nos routes à notre façon
J'espère le mieux possible et je veille sur les miens
À distance, comme tu l'as fait, mais sans contrefaçon

Aujourd'hui je te laisse « vivre » ton chemin
Sachant que tu es toujours là
Pour m'épauler et me tenir la main
Quand tu le ressens et ainsi va…

COMME UNE ÉVIDENCE

Sentir que tout est là à portée de main,
Avoir confiance en demain
Se dire que le pire est passé
Que tout n'est plus qu'un souvenir
Sans haine, ni colère, ni tristesse
Juste un passage de vie obligé
Pour être enfin à sa place
Apprécier, savourer chaque moment
En toute quiétude et paix
Et penser avenir avec un cœur léger.
Croire en quoi, on ne sait pas
Mais ce sera sans faux pas
Comme une évidence…

EN PAIX

Tu me vois extravertie
Pleine de rires et de fantaisie
Toujours noyée dans une nuée
Prête à pointer le bout de mon nez

Celle qui ne fait que parler
Qui sait aussi écouter
Mais suis-je vraiment celle-ci
L'insouciante, la sans souci ?

J'ai mis du temps à me chercher
Pour me trouver et m'avouer
Que je m'étais cachée, oubliée
Derrière une armure édulcorée

Pour faire un pas chaque matin
Sans avoir les yeux chagrins
Pour aborder les journées avec fatalité
Sans haine ni colère, mais avec bonté

J'ai trouvé une sérénité
Dans mon havre de paix
Pour m'apporter de la douceur
Juste en écoutant mon cœur

J'ai appris sans honte à m'aimer
De belles âmes m'ont entourée, portée…

ACCEPTATION

Aujourd'hui est un nouveau jour,
Une nouvelle vie commence
Sans ombre et sans contour
Avec de belles choses qui s'annoncent

La confiance est enfin là, présente et constante
Sans colère et sans haine, juste accepter
Comprendre et arrêter d'être dans l'attente
Croire en soi et se réinventer

Accepter qui l'on est, même si cela dérange
Être soi de la plante des pieds à la racine des cheveux
Sans faux-semblants, les masques on les range
Pour ne plus se cacher ni se cacher les yeux

Laisser parler son cœur tout simplement
Écouter, voir, entendre, sentir, vivre
Ne plus se forcer, vivre maintenant
Dans l'amour de soi en osant en rire

S'apercevoir que tout le chemin parcouru
N'était autre que le sien sans se perdre de vue
Malgré tous les obstacles, tous les coups tordus
Il fallait en passer par-là, il fallait l'avoir vécu

Murmures et chuchotements

Quel plus beau cadeau peut-on se faire
Que celui d'oser être soi, toujours
Que de croire dur comme fer
Que la vie c'est l'amour

© Lady Loup Studio

DES MOTS

Des mots du cœur
Des mots qui meurent
Dans une douce indifférence
Dans la réponse d'un silence

Des mots sincères
Des mots parfois amers
Dans l'espoir d'un déclic
Dans l'envie d'une réplique

Des mots non dits
Des mots pensés à l'infini
Dans le tourbillon des croyances
Dans la plus grande errance

Des mots qui résonnent
Des mots qui raisonnent
Dans l'amour qui emporte
Dans l'amour qui porte

DÉPRESSION

Lassitude quand tu m'envahis
Je n'ai plus la force d'avancer.
Je n'ai plus l'envie
Je me sens si fatiguée.

Tous ces passages compliqués
À donner tout ce je pouvais
Sans jamais vraiment m'écouter
Le maître mot... avancer

Tous ces « coups » pris sans broncher
Pour avoir la paix,
Toutes ces démarches pour résister
Qui m'ont laissée tant de nuits éveillée

Tous ces sourires faits sans envie
Parce que c'est mon boulot
Juste parce que c'est poli
Même s'ils m'ont fait mal à la peau

Toutes ces attentes d'un jour meilleur
Malgré des années très difficiles
Toujours tenter d'être meilleure
Pour pouvoir avoir une vie plus facile

Murmures et chuchotements

Tous ces silences supportés
Pour ne pas déranger
Pour ne pas s'imposer
Mais laisser la liberté

Tous ces maux que je n'ai pas soignés
Parce que les médecins ne m'ont pas écouté
J'ai pensé que je me faisais des idées
Mais aujourd'hui je suis tombée...

LA VIE M'A APPRIS

La Vie m'a appris
Qu'il n'y avait jamais de répit
Que l'on pouvait avoir des soucis

La Vie m'a appris
Qu'elle se rend jolie
Dès lors que tu souris

La Vie m'a appris
Qu'il ne fallait pas être dans le déni
Inutile de s'inventer une vie

La Vie m'a appris
Que c'est mieux quand tu ris
Parce que tu resplendis

La Vie m'a appris
Que chaque jour se suffit
Que chaque histoire se finit

La Vie m'a appris
Qu'hier tu as appris
Mais laisse ta mélancolie

Pour que la Vie rie
Pour que la Vie sourie
Et t'apporte des embellies

© Lady Loup Studio

ARRÊT SUR IMAGES…

On avance, on se cogne, on recule, on bifurque, mais on cherche toujours la sortie.
On peut rester coincé dans un « cul-de-sac » quelque temps sans trouver la solution, parce que cette position convient, parce qu'on est préoccupé par d'autres choses, parce que…
Un jour le mur tombe, comme par magie, tel un château de cartes !
Était-ce un mur truqué ? Une illusion d'optique ? Un rêve (ou cauchemar) éveillé ?
Peut-être…
Mais on reprend sa marche et on avance pour trouver sa sortie

UN COUPLE

Deux personnes qui partagent le même sentiment, qui ont envie de partager le même chemin, d'échanger de la tendresse (voix, regard, corps), des rapports charnels avec le même plaisir, la même envie.

Mais surtout deux personnalités indépendantes l'une de l'autre qui doivent se respecter en tant que telles. Qui doivent partager des idées, de l'aide, du soutien, du temps, de la compréhension, de la communication, des loisirs… Pouvoir rester « Soi » quelles que soient les situations. Être là pour l'autre, mais pas toujours dans le même sens.

Être des amis, mais avec l'envie de construire et de fusionner en plus !

Chacun doit faire un « effort » pour faire plaisir à l'autre tout en restant dans le naturel et le partage.

Chacun doit aussi se préserver des moments « individuels », garder des moments de « liberté » pour s'adonner à ses loisirs, ses passions sans pour autant voir la tromperie, le mensonge derrière tout ça.

Plus on empêche quelqu'un de faire ce dont il a envie et plus il fait des « bêtises », on le voit bien avec les enfants !

Pas simple, mais quel beau défi !

DEMAIN…

Enlever ce carcan porté si longtemps
Sans faire fi de son éducation
Seulement pouvoir vivre sereinement
En se portant toute son attention

Il peut falloir du temps pour comprendre
Pour accepter et être qui l'on est
Grâce à l'aide de ceux qui peuvent comprendre
En ne donnant aucune directive, juste faire parler

Que d'heures passées à se questionner
À saisir le sens de mots, d'instants passés
Pour faire tomber ses croyances qu'on croyait innées
Alors que tout n'était qu'inculqué, juste un reflet

Des réveils douloureux à ne pouvoir se positionner
À vivre coincé entre le présent et le passé
À ne plus savoir qui l'on est
Juste laisser le temps s'égrener

Des réveils heureux quand on a saisi
Qu'une bribe d'information a fait son chemin
Pour pouvoir penser, « c'est fini »
Arrivé à se projeter vers demain

Murmures et chuchotements

Rien n'est fini en fait
La vie est un éternel recommencement
Mais on peut faire ce qui nous plaît
Dire je sais qui je suis maintenant

Continuer à travailler sur soi
Avec plus de facilité, de compréhension
Voir l'avenir d'un autre œil avec foi
Se jeter dans la vie sans appréhension

Vivre l'instant présent
Cesser de ruminer le passé
Pour pouvoir aller de l'avant
Laisser son cœur s'exprimer

« Une femme forte n'est pas légère »
© Albane Alard

TABLE DES MATIÈRES

Y CROIRE 7
À SUIVRE… 8
VIVRE 10
ESPOIR, DÉSESPOIR 11
ÊTRE SOI 12
JUSTE ÇA 15
FIN D'UN AMOUR 16
INDÉCISION 19
UNE VIE 20
DEMAIN 23
LE RÉVEIL 24
SI 25
MYSTÈRES 26
PERDU 29
UNE VIE ? (la suite) 30
UN ENFANT 32
LE SILENCE 33
L'AMOUR 34
PASSAGE… 36
SI UN JOUR... 39
POUR TOI 40
UN SOIR DE BLUES 42
MOI 45

LE « JE T'AIME »	49
OSE	50
TOUT VA VITE	53
ADIEU	54
RESTER SOI	57
ORPHELINE	59
ÊTRE DANS LE PARTAGE	60
LIBRE	61
UNE PLUME	62
LUCIDITÉ	65
CHUTE	66
TOURBILLON	68
PRÉSENCE	71
CHAQUE JOUR	72
AIMER	74
UN JOUR TU TE RETOURNERAS	75
L'AIMES-TU ?	79
PETITS BONHEURS	80
SAINT VALENTIN	83
QUI ES-TU ?	84
UNE PETITE VOIX	87
… JUSTE ENVIE	88
MERCI L'AMOUR	89
CROIRE EN SON ÉTOILE	90
SI UN JOUR	93
SANS SE RETOURNER	94
C'EST QUOI ÊTRE HEUREUX ?	97

CHACUN SA ROUTE	98
À CROIRE…	99
LA VIE	100
APAISÉE	102
POURQUOI	103
COMPRÉHENSION	104
COMME UNE ÉVIDENCE	106
EN PAIX	107
ACCEPTATION	108
DES MOTS	111
DÉPRESSION	112
LA VIE M'A APPRIS	114
ARRÊT SUR IMAGES…	117
UN COUPLE	118
DEMAIN…	121